16 histoires de belles Princesses

Contes de
Corinne Machon, Mireille Saver, Rosalys, Ella Coalman,
Lenia Major et Calouan

Illustrations de
Sandrine Lamour, Evelyne Duverne, Cathy Delanssay,
Jessica Secheret, Sel, Lucie Paul, Laure Gomez,
Alexandre Honoré et Marie-Pierre Emorine

Hemma

La princesse ensorcelée

Corinne Machon – Sandrine Lamour

Il était une fois une princesse qui criait du matin au soir.
Elle avait pour conseiller un très vieil enchanteur qui réfléchissait
sans cesse à une ruse, pour prendre sa retraite. Mais voici qu'un soir…
– Je m'ennuie ! Il ne se passe jamais rien ici… Dans le royaume de mon cousin Julien, une épidémie de fringalette dévastatrice a fait devenir obèse la moitié des habitants ! Chez moi rien ne bouge ! hurla la princesse.

Un messager arriva à pas de loup, terrifié par les cris qui résonnaient dans tout le château.
– Une vieille femme vous demande l'hospitalité pour la nuit, dit-il timidement.
– Elle s'imagine que je tiens une maison de retraite ? Dehors ! hurla la princesse.

Le vieil enchanteur fronça les sourcils. Une vieille dame ? Tout cela lui paraissait bizarre.

Le lendemain matin, la princesse, à peine éveillée,
criait déjà contre sa femme de chambre.
Et là, d'un seul coup, la servante se transforma en chèvre blanche.
La princesse recula d'un bond. Que diable venait-il de se passer ?
Elle enfila ses pantoufles et descendit le grand escalier.
En chemin, elle croisa un domestique.
– Une chèvre est dans ma chambre, allez m'en débarrasser !
Et que ça saute !
Mais, soudain, voilà que le brave garçon se transforma
en un gros lapin noir.

La princesse, fort en colère, se mit alors à crier contre toutes les personnes qu'elle croisait. Tout le monde se transformait en animal et, bientôt, le château ne fut plus qu'une immense basse-cour.
Seul restait le vieil enchanteur.
– Regardez ce qui m'arrive ce matin ! Faites quelque chose !
Or, en guise de réponse, il se transforma en un gros chien poilu.
C'en était trop, mais comme notre princesse n'avait plus personne contre laquelle crier, elle se mit à pleurer.

Un jeune paysan qui passait par là vint s'asseoir à côté d'elle. Il était très beau, alors elle lui raconta tout.

– C'est la sorcière des marais qui vous a jeté ce vilain sort. Elle entend vos cris continuels et incessants. Elle a voulu vous donner une petite leçon !

– Comment ça, mes cris continuels… incessants ? Et comment ça, me donner une leçon ? Sait-elle qui je suis ? Savez-vous vous-même à qui vous parlez ?

C'est alors qu'il se transforma en âne gris.

La princesse resta pétrifiée. Pour la première fois de sa vie, elle regretta d'avoir été méchante.

L'âne, gentil, la conduisit jusqu'aux marais, où la sorcière pêchait tranquillement.
– Regardez qui vient nous voir ! dit-elle d'une voix moqueuse à une multitude de grenouilles qui sautaient autour d'elle. Pourquoi es-tu là, princesse ?
– Je suis venue vous faire des excuses.
– Méchante, voilà ce que tu es, dit alors la sorcière d'une voix rauque. Tu ne vois pas tout ce que les autres font pour toi. Je pensais que tu avais au fond de ton cœur un peu de compassion, mais, hier soir, j'ai bien vu que non. Maintenant, c'est à toi de choisir. Soit tu demandes pardon, soit tu restes seule !
– Je demande pardon, dit la princesse avec précipitation.
– Mais attention ! menaça la sorcière. Si un jour tu t'emportes contre qui que ce soit, sache que le sort tiendra toujours !

Alors, l'âne redevint un beau jeune homme
et le château retrouva tout son personnel.
La princesse n'a plus jamais crié contre quelqu'un.
Cependant, elle eut beau demander mille fois
pardon au vieil enchanteur, il est resté chien.

Il court dans les prés, se roule
dans les flaques d'eau et dort
devant la cheminée.
Chaque fois qu'il en a l'occasion,
il saute sur notre princesse
en aboyant comme un fou !

Entre nous, croyez-vous
qu'il le fasse exprès,
à présent qu'elle ne peut plus
rien lui dire ?

Ce n'est pas l'heure

Mireille Saver – Evelyne Duverne

– Ce n'est pas l'heure ! criait la princesse à longueur de journée.
La princesse surveillait tous les faits et gestes de son mari. Le pauvre prince ne pouvait rien faire sans entendre hurler sa femme.
Dès son réveil, si l'envie lui prenait de traîner en pantoufles dans le palais, la voix criarde de la princesse résonnait dans les couloirs :
– Ce n'est pas l'heure !
Alors le prince s'habillait en toute hâte et entrait dans son bureau où l'attendait une pile de lettres.

Vers midi, si après un bon repas, le prince avait besoin d'une petite sieste
à l'ombre d'un chêne, il était réveillé en sursaut par le hurlement
de sa femme :
– Ce n'est pas l'heure !
Alors le prince retournait, tête basse, dans le palais et s'enfermait
dans son bureau où la pile de lettres ne diminuait jamais.

Un jour que la princesse était absente,
le prince en profita pour aller à la chasse aux papillons,
sa distraction favorite. Les papillons étaient nombreux
et le prince, muni de son filet, courait partout avec l'espoir d'en attraper un.
Un jaune par-ci, un bleu par-là…
Il s'amusait, oubliant la pile de lettres qui pouvait bien attendre
quelques instants sur son bureau.
Mais soudain, derrière lui, la princesse, en colère,
les poings sur les hanches, s'époumona :
– Ce n'est pas l'heure !

D'un geste vif, la princesse voulut saisir le filet à papillons.
Le prince évita son geste. Emportée par son élan, la princesse glissa
et finit le nez dans la mare aux canards.
– Sortez-moi de là ! commandait la princesse, la perruque de travers.
Sortez-moi de là !
Alors, calmement, le prince lui répondit :
– Ce n'est pas l'heure !
Et il s'éloigna, laissant, à côté des grenouilles étonnées,
la princesse folle de rage au milieu de la mare.

Les grands pieds de la princesse Agatha

Corinne Machon – Cathy Delanssay

Lorsque la princesse Agatha vint au monde, la première chose que remarqua la sage-femme fut la taille impressionnante de ses pieds. Mais le bonheur du roi et de la reine était si grand, qu'on mit, pour un temps, le problème entre parenthèses. Mais pour un temps seulement, car lorsque la princesse commença à regarder les garçons, il fallut trouver une solution. Aucun prince ne voulait sortir avec elle, tant ses pieds avaient grandi.

On demanda conseil à Verrunella Mandragore, sorcière officielle du royaume. Elle était le plus qualifiée dans cet art si difficile qu'est la sorcellerie. Mais Mandragore eut beau prononcer des incantations, la nuit, le jour, fouiller dans ses grimoires vieux comme le monde, aucune potion, aucun sort ne changea quoi que ce soit à la situation.

– Si je n'arrive pas à obtenir de résultat, avait dit la sorcière, c'est que les choses doivent rester ainsi… Votre fille est certainement promise à un destin bien plus grand que ses malheureux pieds !

On lança alors la mode des robes longues et bouffantes, mais les grands pieds de la princesse dépassaient toujours des dentelles et des froufrous.
À table, personne ne pouvait s'asseoir en face d'elle. Elle ne pouvait pas non plus danser au bal, ni monter à cheval. Encore moins courir ou faire de la bicyclette !
Elle devint triste et mélancolique.

Entre-temps, il parvint aux oreilles du roi qu'un vilain bonhomme du nom de Raquebuis Lateigne revendiquait toute la forêt autour du château.
– Qui est donc cet individu qui prétend que la forêt lui appartient ? demanda-t-il à Verrunella. Je vais lui déclarer la guerre ! Vous allez voir ça !
– Non, il vous faut un médiateur ! dit la sorcière. C'est fort à la mode en ce moment. Demandez à la princesse Agatha d'aller parlementer avec lui. Cela lui occupera l'esprit et l'empêchera de penser à ses problèmes de pieds.

Le roi accepta.

– Ma chère fille, dit-il à la jeune princesse, je vous confie la mission d'aller trouver ce maudit Raquebuis Lateigne et de le dissuader de toucher à notre chère forêt.

– Je veux bien essayer père, répondit la timide princesse, mais comment faire avec mes grands pieds ?

– Vos pieds n'ont rien à faire là-dedans Agatha ! lui répondit le roi d'un ton affectueux mais très ferme. C'est une affaire de diplomatie, pas d'esthétique !

Le lendemain, la princesse se rendit sur place, pour voir à qui elle avait affaire.
– Vous êtes un troll ? dit-elle en voyant Raquebuis Lateigne s'approcher. Les trolls sont les habitants les plus sales que la terre ait portés ! Vous polluez tout !
– Voyez quelle mauvaise gamine nous avons là ! ricana le troll en se grattant le nez. Puis il se mit à chanter : «Tirelireli, c'est la princesse qui ne trouvera pas de mari ! Tirelarrelar, c'est parce qu'elle a de grands panards !»
Désemparée, Agatha se mit à pleurer.

C'est alors que le prince des lutins surgit avec sa petite armée et sauta sur le méchant troll. Mais la princesse vit tout de suite qu'il n'avait aucune chance. Le troll était bien trop grand et bien trop fort. De là où elle était, elle ne risquait rien, alors, elle tendit la jambe, et fit un croche-pied au vilain troll qui tomba le nez dans la mousse.

Aussitôt ficelé comme un rôti du dimanche, le vilain troll fut jeté en prison.

Le prince des lutins tendit son mouchoir à Agatha.
– Ne pleurez plus, belle princesse, dit-il en enlevant son bonnet vert. Regardez ! J'ai les oreilles les plus longues de tout le royaume et j'en suis très fier ! Épousez-moi et je demanderai au cordonnier de ma cour de vous faire de si belles chaussures, que vos pieds seront légers, et que vous serez fière vous aussi de votre différence.

Et c'est ainsi que, pour la plus grande joie du roi et de la reine, on maria la princesse au prince des lutins de la forêt. Ils vécurent heureux et eurent beaucoup d'enfants, dont un avec de grandes oreilles comme son papa, un avec de grands pieds, comme sa maman, et un autre avec un très long nez.
Mais cette histoire-là…
C'est à vous de l'inventer !

Un coup de balai magique !

Corinne Machon – Jessica Secheret

Non, la princesse Olivia n'était pas une petite fille modèle.
Elle désobéissait sans cesse à la reine, faisait l'école buissonnière et créait
des ennuis partout où elle allait. Comme personne ne l'aimait,
elle passait son temps à faire des bêtises, ou à réfléchir à quelle bêtise
elle pourrait bien faire !
Un jour de pluie, désœuvrée, et malgré l'interdiction formelle de la reine,
elle alla fouiller dans le grenier, histoire de passer le temps.
Elle vit une vieille malle fermée à clef, ce qui aiguisa sa curiosité
et son imagination.

À force de patience et de détermination, la malle s'ouvrit et Olivia découvrit avec émerveillement un vieux grimoire ayant probablement appartenu à une sorcière de l'ancien temps.
Elle le cacha sous sa veste et, tout excitée, revint s'enfermer dans sa chambre. Elle commença sa lecture.

La reine, qui ne l'avait pas vue depuis un bon moment et qui n'entendait ni cri, ni hurlement, s'inquiéta. Elle alla frapper à la porte de sa chambre.
– Olivia ! Tu es là ?
– Oui maman ! répondit la princesse.
La reine ouvrit la porte.
– Que fais-tu toute seule dans ta chambre ?
– Je lis, maman, dit la princesse malicieuse. Je lis un livre pour l'école.
– Bien ! dit la reine, un peu surprise.

Le lendemain, Olivia glissa le grimoire dans son cartable. En traversant la cour du château, elle passa par les écuries et, d'une formule magique, elle fit sortir tous les animaux de l'étable. Vaches, lapins, pigeons et oies, quelle pagaille ! Et la princesse fut prise d'un fou rire en voyant les domestiques essayer de rattraper les animaux.

En chemin, elle croisa la boulangère qui allait vendre ses petits pains au marché.

Elle lui jeta un sort et toutes les pâtisseries tombèrent par terre. La pauvre boulangère se mit à pleurer, ce qui fit se tordre de rire la petite princesse. Ensuite, elle ensorcela le balai de l'école et s'envola pour jeter des patates pourries sur tout le monde.

Se sentant invulnérable, la princesse ne craignait plus personne.
Elle décida d'aller taquiner le dragon de la prairie.
Le pauvre animal, pas méchant pour deux sous, faisait tranquillement la sieste, à l'ombre d'un chêne centenaire.
La princesse pointa son doigt dans sa direction.
Alors, un éclair traversa le ciel et foudroya l'arbre qui assomma le dragon.

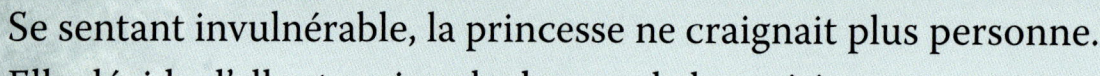

Pas content du tout, celui-ci se mit à poursuivre la princesse.

Là, ça n'était plus marrant du tout.

Prise de panique, elle se mit à hurler au secours ! Mais tout ce qu'elle entendait, c'était les rires et les applaudissements des gens qui se moquaient d'elle.

Le dragon insistait. Il cracha une petite flamme qui réduisit en cendre le balai ensorcelé. La princesse tomba, tout ébouriffée, dans une charrette pleine de foin.

La reine, aussitôt prévenue, s'empara du grimoire et dit d'un ton très calme :
– Alors comme cela, vous faites l'école buissonnière et voulez jouer les sorcières ? Voici ce que je vous propose : demain à la première heure, vous nettoierez les écuries et donnerez à manger à tous nos animaux. Ensuite, vous irez trouver la boulangère, et vous l'aiderez à porter ses petits pains au marché où vous resterez jusqu'à ce que tout soit vendu. Ensuite, vous ferez le ménage à l'école et, pour finir, vous frotterez le dos de notre pauvre dragon, jusqu'à ce qu'il s'endorme.

Le lendemain matin, avant de remettre le grimoire en lieu sûr, la reine le feuilleta et prononça une toute petite formule qui fit apparaître un balai flambant neuf. Mais il n'était pas destiné à nettoyer le sol ou à faire des promenades dans les nuages ! Il suivait la princesse à la trace, fidèle et tenace ! Et, chaque fois qu'elle désobéissait, il lui donnait la fessée !

Tous pour une lune

Rosalys – Sel

À qui pensez-vous lorsque vous regardez la lune ?
Tout dépend de la phase : croissant de lune, nouvelle lune
ou pleine lune.
C'est ce qu'aurait répondu Élé, en se rappelant les aventures
que lui avait fait vivre la robe la plus ratée qu'elle eût jamais créée !
Avant cette histoire, la jeune fille ne participait aux fêtes
qu'en fabriquant les tenues des princesses.
Grâce à la couturière, ces demoiselles ont toujours été plus belles.
Car Élé avait un don : rendre les autres rayonnants et
les sublimer par tout ce qu'elle créait.

Cette année, l'arrivée du printemps s'accompagnait
d'un hommage à la lune.
La personne la plus digne et la plus élégante allait représenter
l'astre vénéré dans tous les royaumes.
Un tel honneur déclencha toutes les passions !
Parmi les plus déterminées, deux princesses se démarquaient.
L'une, nommée Art, était aussi romantique qu'une fée.
Et c'en était une...
L'autre, qui s'appelait Cat, était aussi sombre qu'une sorcière.
Et c'en était une !
Les deux concurrentes
se jouèrent des mauvais tours.

Quand Élé devait coudre une tenue
pour la princesse Art, elle retrouvait ses tissus
blancs maculés de mûres fraîches.
Quand une robe pour la princesse Cat était
commandée, tous les tissus noirs étaient couverts
de glace à la vanille.
La fée et la sorcière lancèrent des sorts
à tour de rôle, d'abord inoffensifs.
Élé se retrouva vite entourée de ronces
et de montagnes de crème glacée.
Dans ces conditions, comment pouvait-elle
créer des robes dignes de la lune ?

La couturière dut quitter son atelier pour travailler à l'ombre des arbres. Cependant, elle ne pouvait utiliser aucun de ses tissus préférés sans que la magie vienne tout gâcher. D'abord désemparée, elle eut ensuite une drôle d'idée !

En effet, chaque fois
que la fée lançait un sort,
des colombes volaient
dans le ciel.
De même, quand la sorcière
jetait un sort, c'était une
envolée de corbeaux.

Alors, la jeune fille ramassa patiemment
les plumes de ces oiseaux, pour concevoir
les tenues authentiques des deux princesses rivales.

La veille du printemps, Élé finit juste à temps ses œuvres :
une robe en plumes blanches brodée de perles pour la princesse Art,
une robe en plumes noires sertie de myrtilles pour la princesse Cat.

La couturière devait livrer
ses créations directement
à la fête du printemps,
mais elle était dans un piètre
état d'avoir travaillé en
plein air.

Elle conçut donc rapidement sa première robe de bal, en ramassant les fleurs tombées de l'arbre sous lequel elle avait créé ses œuvres.
Sur les lieux de la fête, elle remit humblement les commandes des princesses, qui resplendirent dans leurs tenues de plumes.
Mais tous n'avaient d'yeux que pour Élé
dans sa somptueuse robe en fleurs de cerisier !
Ainsi, on décida que ce serait Élé qui représenterait la lune !

Mais, très vite, sa robe se mit à faner, car la beauté de ces fleurs est si pure mais tellement éphémère...

Élé se retrouva en haillons alors qu'elle avait mis beaucoup de cœur et consenti tant d'efforts à l'ouvrage. Elle ne put s'empêcher de sangloter.

Devant autant de persévérance, les princesses oublièrent leur rivalité et consolèrent celle qui avait tant œuvré pour elles.
Art entoura Élé de son châle de plumes, Cat déposa sur les cheveux d'Élé son bijou de plumes, et les deux magiciennes transformèrent la tenue fanée en une étincelante robe argentée.

Les trois magnifiques amies furent sacrées ensemble représentantes de la lune.

On ne les appela plus Art, Cat et Élé, mais les divines Artémis, Hécate et Séléné.

La princesse et le géant

Corinne Machon – Sandrine Lamour

La princesse Sucrette Pralinette était une grande gourmande.
Elle mangeait des bonbons à toutes les heures du jour,
et parfois même la nuit, quand elle se levait pour faire pipi.
Des marchands du monde entier venaient chaque début de printemps
avec des coffres remplis, permettant ainsi à notre gourmande
de passer commande avant l'hiver.
On accédait au château par une seule et unique route,
et, dès la mauvaise saison, la neige empêchait tout échange.

Ce matin-là, notre princesse trempait des caramels dans son thé.
Elle demanda à son conseiller :
– Avez-vous quelques nouvelles de l'extérieur, Broderibe ?
– Bien sûr Votre Majesté, les marchands sont en route !
Soudain, un messager vint chuchoter à l'oreille du conseiller
qui changea littéralement de couleur.
– Qu'y a-t-il Broderibe ? Vous êtes aussi pâle que cette boule de gomme !
– Votre Majesté, je suis désolé mais, on vient de m'avertir
qu'un géant bloque la route principale.
Il dit qu'il est mélancolique et qu'il réfléchit.
– C'est bien ma veine ! bougonna la princesse.
Venez Broderibe, allons voir !

Et c'est d'un pas décidé, qu'elle arriva près du géant, assis par terre, la tête dans ses mains.

– Coucou ! fit Sucrette Pralinette, avec un petit signe de la main. Tu m'entends ?

Le géant baissa la tête et regarda la princesse avec des yeux rougis.

Il murmura doucement.

– Chaque année pour mon anniversaire je fais le même vœu. Celui de voler… Mais aujourd'hui encore, c'est raté ! Je suis trop gros. Mon vœu ne se réalisera jamais.

– Ton histoire me fait beaucoup de peine, répondit la princesse.
Mais tu ne peux pas rester là, car j'attends des marchandises importantes !
– Je suis toujours trop gros pour tout, continua le géant, tristement.
Je fais de telles enjambées lorsque je marche que j'ai toujours peur d'écraser quelque chose ou quelqu'un… Je ne profite pas du paysage, je regarde uniquement mes grands pieds, pour ne pas faire de bêtise ! J'aimerais être léger… léger comme une hirondelle, comme une bulle de savon !
Notre princesse se mit à faire les cent pas, suivie de près par Broderibe.
La bouche pleine de bonbons, elle murmurait :
– Léger… Léger… Hirondelle… Bulle de savon… Mais, dites-moi Broderibe, ne nous reste-t-il pas une caisse de chewing-gums au fond du placard ?

Quelques instants plus tard, deux porteurs déposèrent aux pieds du géant une énorme caisse en bois, remplie à ras bord de chewing-gums de toutes les couleurs.
– Alors c'est très simple, dit la princesse très sûre d'elle. Tu n'as qu'à mettre le plus de chewing-gums possible dans ta bouche, bien mâcher, et souffler… Tu as compris ?
Le géant s'exécuta. Lorsqu'il eut la bouche pleine d'une énorme pâte élastique, il avait vidé plus de la moitié de la caisse. Alors, la princesse lui cria :
– Souffle ! À présent… souffle !

Le géant souffla, souffla et fit une bulle,
aussi grosse que le chapeau d'une montgolfière !
Le conseiller croisa les doigts et fit quelques pas en arrière.
– Pourvu que la bulle n'éclate pas ! Sinon, ce sera
une catastrophe pour l'environnement !
– Mais tout d'un coup, le géant décolla.
Tout en silence et en légèreté.
– Cela mérite bien un bonbon, Broderibe ?
dit la princesse.

Ainsi, en cette belle journée de printemps, la route fut dégagée et quelques jours plus tard, la princesse Sucrette Pralinette recevait au château les marchands tant attendus.
Pensez donc à elle lorsque vous mangerez un bonbon et, si vous vous demandez pourquoi on ne croise jamais de géants aujourd'hui, sachez qu'ils sont tous cachés
derrière les nuages,
légers comme des plumes,
une bulle à la bouche…

La princesse Fanfreluche

Corinne Machon – Lucie Paul

Fanfreluche n'était pas une princesse comme les autres. Certes, elle était le sujet de conversation de tous les habitants du petit royaume, mais elle était aussi un sujet de discorde permanent, entre son père et sa mère.

La reine lui donnait l'excuse d'être une fille, mais le roi était beaucoup moins conciliant.

Car, voyez-vous, Fanfreluche n'avait qu'une seule passion : tout ce qui brille !

Imaginez un peu. C'était presque comme une maladie, sauf que là,
les boutons sur son nez auraient été des brillants !
Sur toutes ses robes, sur toutes ses chaussures, il y avait des strass de toutes
les couleurs. Elle ne sortait jamais sans son rouge à lèvres à paillettes.
Et même, lorsqu'elle souriait, on pouvait voir un diamant sur ses dents.
Elle se fichait pas mal de la politique du royaume, de la diplomatie étrangère
et de tout ce que voulait lui apprendre son père.
Elle se fichait également de l'organisation des bals, des cours
de maintien et de tout ce que sa mère voulait qu'elle apprenne.
Elle n'avait pas envie de toutes ses responsabilités.
Elle ne voulait pas non plus rencontrer le prince charmant.
Elle ne voulait qu'une chose : que ça brille !

Alors, un jour, le roi se mit fort en colère. Il passa à sa fille un drôle de savon.
– On ne peut pas passer sa vie dans le scintillement des paillettes ! hurla-t-il. Il faut travailler ! Alors si le métier de reine vous déplaît, trouvez-en un autre !
– Mais mon papou, ça n'est pas ma faute, je ne sais pas quoi faire !
– Boulangère, médecin, institutrice ou même bergère ! Partez élever les dragons dans la lande si cela vous chante, mais faites quelque chose ! finit par hurler le roi, rouge de colère.
– Mais mon papinou, dit Fanfreluche, il ne faut pas vous mettre dans des états pareils ! Je vais trouver, je vous le promets !
Et avec un bisou et un sourire, elle s'éclipsa avant que le roi n'en rajoute une couche.

Pour se changer les idées, notre princesse alla se promener. Les parents, il faut parfois se les farcir ! Surtout que, même en y pensant très fort, aucun métier ne lui venait jamais à l'idée.

Mais voici qu'elle aperçut un drôle de navire amarré dans le port. Ses voiles blanches claquaient au vent.

Décoré de strass, il aurait été merveilleux.

– Qu'est-ce donc que ce navire ? demanda Fanfreluche à un marin qui passait par là.

– Ce sont les corsaires de votre père, princesse !

– Et les corsaires, c'est quoi au juste ?

– C'est un peu comme des pirates ! Ils partent à la conquête d'îles lointaines et rapportent de fabuleux trésors ! Des épices, des plantes extraordinaires, mais aussi des pierres précieuses, de l'or, des brillants de toutes sortes !

Il ne fallait pas en dire plus à Fanfreluche qui courut annoncer à ses parents qu'elle avait trouvé un métier.

– Corsaire ?
dit le roi un peu surpris.
Mais… pourquoi pas !
Et c'est ainsi que la princesse
Fanfreluche quitta
le château familial
pour voguer sur les océans.
La reine pleura longtemps
sa petite princesse,
mais le roi la consola
en lui disant que les voyages
forment la jeunesse.
Fanfreluche est devenue
un grand corsaire.
Sur son navire,
tout scintille de
la coque
au mât. Elle a
parcouru
toutes les îles
de la terre et
a découvert de
grands trésors.
Bien sûr,
mon histoire
ne serait pas
une vraie histoire de princesse
si j'oubliais de dire qu'elle a fini par se marier
et qu'elle a eu beaucoup d'enfants.
Cependant, sachez qu'elle ne perdit jamais son goût irraisonné pour tout
ce qui brille. Mais, au fond, nous les filles, on lui ressemble beaucoup !
Vous ne les aimez pas vous, les rouges à lèvres à paillettes ? Moi, je les adore !

La princesse au coing

Ella Coalman – Laure Gomez

Il y a de cela fort longtemps, vivait un peuple dont le plus grand
des habitants ne dépassait pas la taille d'un gland.
Leurs maisons étaient en bois. Ils étaient amis avec les animaux.
Les escargots les transportaient sur leurs dos, les araignées
leur tricotaient de quoi s'habiller
et les grenouilles chantaient
pour les distraire.

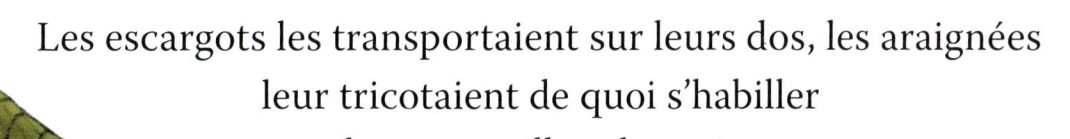

Le roi et la reine de ce royaume avaient une fille, une jolie princesse qui passait ses journées à faire des pâtisseries à base de fruits.
Elle se coiffait d'un champignon et portait en guise de robe deux délicats pétales de rose noués par un brin d'herbe.
Elle était si belle que les garçons voulaient tous l'épouser.
Mais elle n'était pas pressée. Elle profitait de la nature, préparait des confitures…

Ses parents voulaient qu'elle se marie. Elle finit par accepter de rencontrer tous ses prétendants. Elle les réunit et leur dit :
– Mes chers amis, vous savez que j'adore les fruits. Si l'un d'entre vous parvient à me faire découvrir un fruit que je n'ai jamais cuisiné, j'en ferai mon mari.
Persuadée qu'on ne pouvait rien lui apporter de tel, la princesse retourna, soulagée, à ses pâtisseries.

Pendant les jours qui suivirent cette déclaration, toutes les heures
on apercevait un nouveau panier rempli de fruits :
des pommes, des poires, des framboises…
– Comment ces garçons peuvent-ils imaginer
que je n'ai jamais cuisiné ces fruits
que tout le monde connaît par ici ?
s'exclamait-elle un peu vexée.

Mais un matin, elle découvrit dans un panier un fruit
qu'elle n'avait jamais vu. Il ressemblait un peu à une poire
mais sa peau était toute douce. Il était très dur.
Elle voulut immédiatement connaître le garçon qui le lui avait apporté.
C'était un charmant jeune homme, timide…
qui portait une coquille de noix comme casque.
Il lui apprit qu'il s'agissait d'un coing et qu'on pouvait en faire
de délicieuses pâtes de fruits.
Heureuse de rencontrer quelqu'un qui partageait
son goût pour les fruits, la princesse l'épousa.
Ils vécurent heureux et firent beaucoup
de merveilleuses sucreries.

Un château pour le roi Rivage

Lenia Major – Alexandre Honoré

Le soleil se couche sur la mer. Les enfants ont quitté la plage avec leurs seaux, leurs râteaux et leurs éclats de rire. Tout est silencieux. Quatre minuscules silhouettes sortent de leur cachette.

– Personne en vue ! Nous pouvons commencer l'inspection, déclare le roi Rivage. Venez ma reine, prenez garde à cette grande flaque !

La reine Sabia, le prince Grainfin et la princesse Silice emboîtent le pas du roi. Comme tous les soirs, ils cherchent le château dans lequel ils passeront la nuit.

– Les enfants ont beaucoup travaillé aujourd'hui, regardez toutes ces constructions. Nous allons avoir du mal à choisir. La famille royale atteint le premier château.

– Quatre tours bancales, de misérables murs ! Il est hors de question que je dorme ici, annonce le prince. Ce taudis est indigne de ma royale personne !

Énervé, Grainfin donne un coup de pied dans une tour.

Elle s'écroule sur lui. Râlant et crachant du sable, il émerge du monticule.

La princesse Silice ne peut s'empêcher de rire.

– Arrêtez de vous moquer Silice et cherchez plutôt une demeure convenable !

– Pourquoi pas celle-ci ? propose Silice.

À quelques mètres de là, se dresse un magnifique château.

– C'est vrai qu'il est beau, convient le roi.

– Qu'attendons-nous pour entrer ? demande la reine. J'aimerais me reposer.

– Bien sûr ma douce !

Le roi s'avance vers le château. Il en fait le tour puis revient fort contrarié.

– Qui est l'architecte de ce château, nom d'une dune ? tonne-t-il.

– Un problème, mon ami ? s'inquiète Sabia.

– Et de taille, ma reine. Celui qui a construit ce fort a oublié le pont ! On ne peut ni entrer, ni sortir, à moins de savoir voler. Quel étourdi !

Tous sont déçus, ce château paraissait si confortable ! Il est déjà tard et le roi se demande s'ils trouveront un abri pour la nuit. La lune commence à monter.
– Regardez là-bas, s'écrie Silice, j'ai vu quelque chose briller.
Elle escalade un tas de sable en courant. Devant elle s'élève le château de ses rêves. Non seulement il possède tout ce qui fait un vrai château, mais ses murailles sont couvertes de dizaines de coquillages.
Pour franchir le fossé, ont été disposés des galets plats et lisses. Le logis est creusé de nombreuses pièces.
– Ce n'est pas un château, c'est un palais ! déclare la reine.

Silice bat des mains de ravissement :
– Je vais enfin avoir une chambre
pour moi toute seule. Ce soir, mon père,
votre ronflement ne couvrira pas
le bruit des vagues !
Franchissant le pont, le prince ne trouve
aucun défaut. Tout est parfait.

Le roi sourit de bonheur.
– Grainfin, allez vite chercher les quatre
plumes de mouette qui décorent
les tours, elles nous serviront de couettes.
Le bâtisseur a pensé à tout.

L'installation se fait rapidement sur le sable moelleux. La fatigue ferme vite
les yeux des souverains. Quelques heures plus tard, l'aube se lève.
Ils doivent déjà quitter ce merveilleux logis.
Avant de retourner se cacher, au sommet du donjon, le prince dépose
un coquillage irisé. C'est le cadeau du roi Rivage pour l'enfant
qui lui a offert une si belle nuit.

Si, un matin, au sommet de ton château, tu trouves un coquillage étrange
qui n'y était pas la veille, tu sauras qui l'a laissé pour te remercier.
Conserve-le précieusement, en bracelet, en collier ou dans une jolie boîte
dorée. Rappelle-toi à tout jamais que,
désormais, tu as le grand honneur
de faire partie des sujets
du roi Rivage.

Clarinette et la sorcière Noire

Corinne Machon – Marie-Pierre Emorine

Aujourd'hui, la princesse Clarinette s'est levée sans faire d'histoire.
Pour son petit déjeuner, elle a mangé ce qu'il y avait dans son assiette,
et elle est allée se brosser les dents sans que la reine soit obligée de se fâcher.
Mais il est vrai qu'aujourd'hui n'est pas un jour comme les autres.

Aujourd'hui, Clarinette a 7 ans
et le château est en pleine effervescence.
Partout il y a des ballons et des guirlandes.
Dans le jardin, des tables ont été dressées
pour recevoir tous ses amis.

– Est-ce que tout le monde
à bien reçu son invitation ?
s'inquiète sans cesse
la petite princesse.
Et la nouvelle sorcière ?
En a-t-elle reçu une aussi ?

– Mais oui, ma chérie,
dit la reine d'un ton rassurant.
Ne t'inquiète donc pas
comme cela, ils viendront tous !

Et, en effet, petit à petit, tout le monde arrive.
Avec des bonbons, des fleurs et des petits cadeaux.
On mange des salades de pâtes, des minipizzas
et des chips en veux-tu en voilà !
Le roi fait griller des saucisses pour les hot dogs,
et la reine remplit les saladiers de frites.
C'est une merveilleuse fête d'anniversaire.

Mais voici qu'on aperçoit dans le ciel,
une bien étrange silhouette.
Plus elle s'approche et plus elle est effrayante.
Toute de noir vêtue, voilà la nouvelle sorcière
qui atterrit au beau milieu de la réception,
faisant fuir tout le monde,
tellement elle semble infernale et machiavélique.

On emmène alors bien vite
la princesse à l'abri,
et la fête est finie.

Mais Clarinette n'est pas une petite fille de rien du tout, qui se laisse impressionner par la première sorcière venue.

Elle se glisse en douce hors du château, bien décidée à retrouver celle qui a gâché sa fête.

Elle découvre une maisonnette noire, avec une barrière noire, des rideaux noirs. Sans peur, elle frappe à la porte et la sorcière lui ouvre, toute habillée de noir, de son chapeau pointu jusqu'à ces bottines à boutons. Sur son épaule, un chat tout noir lui aussi.

– Pas étonnant que tu fasses peur à tout le monde ! s'écrie la petite princesse.
– Je suis désolée pour ta fête, dit la sorcière. Mais je fais le même effet partout où je vais. Personne ne m'aime. Je ne suis pourtant pas une méchante sorcière !

– Mais jette un œil dans ton miroir !
Tu es noire de la tête aux pieds !
rétorque Clarinette.
Tes fauteuils sont noirs, tes meubles sont noirs !
Il faut changer tout ça contre de la couleur
si tu ne veux plus que les gens aient peur !
– Tu crois vraiment que c'est la solution ?
dit la sorcière en essuyant son nez
dans son mouchoir en dentelle noire.

– Aujourd'hui j'ai 7 ans,
mon père m'a dit que c'était l'âge de raison.
Je ne peux donc pas avoir tort !

Alors la sorcière prononce des formules
toutes plus magiques les unes que les autres,
et tout prend de la couleur.
Son chapeau devient rouge à pois blancs,
sa robe verte et ses yeux très bleus. Sa maison multicolore
laisse enfin entrer la lumière du jour.
La sorcière est transformée, et très enthousiaste.
Seul son chat reste noir, mais ça, ce n'est pas très important !
– Quel est ton nom ? lui demande la petite princesse.
– Noire ! dit la sorcière dans l'oreille de Clarinette.
– Que dirais-tu de Rose ? Ma poupée s'appelle comme ça !

La sorcière est ravie.
Elle fait grimper Clarinette sur son balai magique,
et toutes les deux se rendent au château.
Rose fait ses excuses à tout le monde et aide à préparer
une nouvelle fête d'anniversaire.

Le soir venu,
la petite princesse
invite Rose à dormir.
Alors, avec un petit sort de rien
du tout, notre sorcière confectionne
les plus doux, et les plus colorés, de tous
les pyjamas du royaume.

Et, depuis ce soir-là, grâce à la princesse Clarinette,
elle fait de merveilleux rêves, tout en couleur.

Les souliers crottés

Calouan – Cathy Delanssay

Le roi du pays de Kivala avait une fille. Nul ne savait à quoi elle ressemblait car, depuis qu'elle avait eu dix ans, le roi, son père, l'avait enfermée dans une grande chambre où seule une dame de compagnie était autorisée à pénétrer. Lorina vivait donc ainsi depuis huit années, sans se plaindre, sans un cri, sans une larme. Mais, un matin, sa dame de compagnie découvrit que ses souliers étaient crottés. Ses souliers qui n'avaient jamais foulé autre chose que la douceur du tapis de la chambre de la jeune fille étaient couverts de terre.

La dame de compagnie alerta le roi. Le souverain, en colère, fit poser des barreaux aux fenêtres de la chambre et conseilla aux gardes d'avoir l'œil ouvert.
Mais, le lendemain, les nouveaux souliers de la princesse étaient également crottés.
Le roi la convoqua :
– Où vas-tu chère enfant, la nuit quand tout le monde dort ?
Lorina ne voulut pas répondre.

Et pourtant… Le lendemain et les jours suivants, les souliers de la princesse se trouvaient salis. Le roi avait pris soin de verrouiller sa porte avec un lourd cadenas pesant au bout d'une grosse chaîne.
– Mais où va-t-elle donc ainsi ? se lamentait le roi qui craignait qu'un matin, on ne la trouve plus dans son lit.

À court d'idées, il finit par annoncer que le prince qui découvrirait où se rendait sa fille la nuit aurait le droit de l'épouser.

Lorina frémit d'effroi, mais, chaque matin, sa dame de compagnie constatait que ses souliers avaient voyagé la nuit.

Et les prétendants se succédèrent curieux de voir enfin à quoi ressemblait la mystérieuse princesse.

Chaque soir, l'un d'entre eux se postait devant la chambre de Lorina mais, au petit matin, les souliers étaient toujours crottés.

Il en vint de tous les pays, même les plus lointains. Des habiles qui se disaient assez malins pour déjouer les escapades de la princesse. Des costauds qui posaient chaises et meubles devant la porte pour l'empêcher de s'ouvrir. Des souples qui gardaient un œil collé au trou de la serrure afin de mieux surveiller la fille du roi. Des courageux qui promettaient de ne point s'endormir...
Rien n'y fit. Au petit matin, les souliers étaient toujours crottés.

Un jour pourtant, un petit cordonnier, timide, se présenta au palais.
– Je voudrais parler avec la princesse, expliqua-t-il.
– Le roi ne l'acceptera jamais, se désola la dame de compagnie. Je suis la seule à pouvoir le faire.
– Et pourtant, j'ai ici des souliers magiques. Dès que la princesse les enfilera, ils garderont le souvenir de ses déplacements. Au petit matin, vous n'aurez qu'à les interroger et vous saurez tout. Mais je dois convaincre la princesse de les mettre aux pieds.

Le roi autorisa donc le cordonnier à entrer dans l'antre de sa fille qu'il avait jalousement gardé enfermée tant d'années.

À la vue de cet inconnu, Lorina sursauta.
– Rassurez-vous, belle princesse, je ne vous veux aucun mal.
Car Lorina était belle, en effet. Sa peau, blanche comme le lait et transparente comme les pétales des roses, faisait ressortir la noirceur de ses yeux.
La princesse pensait qu'il était le prétendant qui avait réussi à connaître son secret mais le cordonnier expliqua :
– J'ai ici des souliers qui restent toujours propres. Vous pourrez aller où vous le désirez, chaque nuit, personne n'en saura rien, car, au petit matin, ils ne seront pas crottés.
Lorina fut séduite et accepta.

Rassuré, le cordonnier dit au roi :
– Majesté, soit les souliers seront crottés demain, mais vous saurez où elle est allée, soit ils ne le seront pas car elle ne sera pas sortie.
Le roi était enchanté. Mais le cordonnier ajouta :
– Si j'ai dit vrai, m'accorderez-vous la main de votre fille ?
Et, comme promis, au petit matin, les souliers furent propres, incroyablement propres.
Le roi dut tenir sa promesse et Lorina épousa le petit cordonnier.
Celui-ci ne lui demanda jamais où elle sortait la nuit car il était bien heureux d'être son mari. D'ailleurs, depuis, plus jamais ses souliers ne furent crottés au petit matin.

Le Gram-Groum

Corinne Machon – Evelyne Duverne

Le soupir de la reine filtra par les couloirs du château, faisant bien comprendre à tout le monde à quel point elle était fatiguée et en colère contre le roi. Car, non seulement celui-ci était encore en réunion à Perpette-les-Oies, mais il lui avait confié, comme à son habitude, une prétendue mission de la plus haute importance. C'était quelque chose dont il ne voulait tout simplement pas s'occuper lui-même, comme si la reine était assez niaise pour ne pas le comprendre… Il s'agissait cette fois de trouver un nouvel emblème au royaume et cela en moins de 24 heures.

La reine longea le couloir qui menait à la chambre de la princesse et ouvrit tout doucement la porte croyant trouver sa fille presque endormie.
C'est alors qu'elle se figea comme une statue de sel, le doigt pointé en direction du lit de la princesse.
– Qu'est-ce que c'est que ça ? demanda-t-elle, les yeux exorbités.
Dans le silence le plus total, une foule de questions se bouscula dans son cerveau en regardant une drôle de bestiole vautrée mollement sur l'édredon royal.
Qu'est-ce que ça pouvait bien être ? Un chat obèse ou un énorme lapin ? Et de quelle couleur était-il au juste ? Marron brique ? Ocre jaune sale ? Était-il rayé ? Strié ou bien zébré ?
Son pelage était-il bourru ? Hirsute ou encore tout velu ?
Et comment sa propre fille pouvait-elle le serrer contre elle en l'appelant son « nini-doudou » ?
Il devait être couvert de puces, c'est sûr…

Le doigt de la reine,
toujours pointé
en direction de ladite bête,
se mit à trembler nerveusement.
– Je vous ai posé une question, Clara !
Qu'est-ce que c'est que ça ?
Alors la petite princesse se leva
debout sur son lit et déclara :
– C'est le dernier
des Gram-Groum,
mère…

Voyez-vous, il y a longtemps, les Gram-Groum vivaient heureux sur une île paradisiaque à l'est du bout du monde. Mais, par un beau soir de septembre, ils furent attaqués par des lézards géants qui vivaient à l'ouest et qui, n'ayant plus rien à manger, les dévorèrent tous, sauf un : le dernier. Il réussit à se sauver et nagea plusieurs mois dans les eaux gelées de la planète tout entière, se faisant pourchasser par des requins géants aux dents tranchantes et des pirates borgnes aux jambes de bois.

Alors, quand je l'ai vu là, sur ses quatre pattes, qui attendait devant le perron de l'école maternelle, j'ai fait ce que vous m'avez toujours enseigné : secourir le plus faible.

L'animal s'étira mollement et la reine, secouée par un petit rire nerveux, referma doucement la porte.

Et voilà comment un vilain matou de gouttière
(après lavage et égouttage, cela coule de source !)
fut élevé au rang de mascotte royale, voyant son effigie orner
les bannières des drapeaux, les timbres royaux
et même les pièces d'or.
Il va sans dire que, depuis cette aventure,
le roi espace ses réunions et s'occupe
de ses affaires personnellement !

Classe de neige

Mireille Saver – Laure Gomez

Pour la première fois, Colyne, la petite princesse, va à la montagne.
La maîtresse, mademoiselle Lise, emmène toute la classe à la neige.
Partir une semaine sans papa et maman, quelle aventure !

Colyne a glissé son doudou-chéri dans son sac à dos.
Colyne aimerait bien le tenir dans ses bras
mais les autres princesses n'ont pas de doudou-chéri
alors Colyne reste sagement les bras croisés.

Quelques heures plus tard,
la montagne apparaît. Colyne aimerait bien montrer la neige à doudou-chéri
mais les autres princesses n'ont pas de doudou-chéri. Pensant que les autres
fillettes vont se moquer d'elle, Colyne regarde seule le paysage.
Lorsque la maîtresse autorise les princesses à jouer dans la neige,
Colyne aimerait bien faire des glissades avec son doudou-chéri
mais les autres princesses n'ont pas de doudou-chéri, alors Colyne laisse
le sien dans son sac à dos.

C'est maintenant l'heure d'aller se coucher. Colyne rejoint son petit lit.
Dans le noir, la petite princesse ose enfin sortir doudou-chéri de son sac.
Elle le serre bien fort sur son cœur, lui fait de gros câlins
et lui raconte sa journée.

Quelques instants plus tard, lorsque mademoiselle Lise vient contrôler
si toutes les princesses dorment calmement, elle voit, devinez quoi ?
Le doudou-chéri de Colyne mais aussi celui de Maëlis. Et celui de Candice.
Et encore celui de Juliette et de Clémence.
Et, bien entendu, celui de Mélina et de Célestine.
Demain, c'est certain, tous les doudous-chéris feront du ski !

Une épouse pour le dragon

Calouan – Cathy Delanssay

Dans un village lointain, vivait un homme sage qui avait deux filles.
Toutes deux étaient belles mais elles ne se ressemblaient pas.
L'une, Kitsu, douce et effacée faisait le bien autour d'elle.
L'autre, Suské, cruelle et orgueilleuse n'avait de pitié
pour personne et n'écoutait que sa vanité.

Un jour vint où le père des deux filles entendit parler du chef du village voisin qui cherchait une épouse honorable pour son fils. Quand l'homme en parla le soir à la veillée, Suské eut un sourire ravi.
– Je serai la femme du fils du chef du village voisin, affirma-t-elle sans l'ombre d'un doute.
Kitsu ne s'opposa pas à cette décision.
– Je partirai demain matin dès l'aube, annonça Suské qui ne voulait pas être détrônée par d'autres concurrentes.
– Laisse-moi te préparer une escorte proposa son père. Le chemin pour se rendre au village voisin est truffé d'embûches et tu pourrais avoir des ennuis.
– Je n'ai besoin de personne pour m'escorter et je ne redoute aucune embûche. Ma décision est prise, je partirai demain à l'aube, seule.
Suské craignait d'être retardée. Elle voulait être la femme du fils du chef du village voisin et ne devait pas perdre de temps.

Le jour suivant, elle partit donc seule en direction du village voisin.
Elle avait revêtu sa plus belle robe et avançait d'un pas assuré.
Sur le chemin, elle rencontra une mésange qui l'interpella :
– Bonjour, belle demoiselle. Sais-tu bien où tu vas par ce chemin-ci ?
Je connais un raccourci pour se rendre plus rapidement au village voisin où tu pourras épouser le fils du chef.
Suské crut à une espièglerie et répondit :
– File de là, sale bestiole. Je connais ma route et je ne veux aucun conseil.
Je n'ai besoin de personne et ne redoute aucune embûche.

Mais, au bout d'un moment, l'orgueilleuse dut se rendre à l'évidence : elle était perdue. Plusieurs chemins se présentaient à elle et elle ne savait lequel emprunter.

Assise sur une large pierre au bord de la route, une vieille dame lui fit un signe accueillant.

– Tu sembles hésitante, belle demoiselle. Si tu veux te rendre au village voisin et épouser le fils du chef, je peux t'indiquer ton chemin.

– Toi ? Mais tu n'es même plus capable de marcher, pauvre vieille, se moqua Suské.

Et, fièrement, Suské choisit la direction qui lui semblait la bonne.

– Tu te trompes, ce n'est pas par là qu'il faut aller ! hurla la vieille femme.
Suské haussa les épaules, négligeant ces bienveillantes paroles.
La vieille femme lui cria :
– Fais bien comme tu le désires, belle demoiselle entêtée, mais sache que tu vas arriver à un ruisseau avec une eau plus douce que la rosée du matin. Ne bois pas cette eau, sinon tes cheveux deviendront hideux quand tu te présenteras devant ton fiancé. Ensuite, ne parle à personne. Si ton chemin croise un individu, ne lui adresse pas la parole et pars.
Suské n'avait que faire des prédictions de cette vieille femme. Qui mieux qu'elle-même pouvait savoir ce qui était bon ou mauvais ?
Sautillant presque, elle poursuivait son chemin.

Bientôt, elle s'arrêta devant un ruisseau dont l'eau claire et fraîche faisait envie. Elle était partie de son village depuis le matin et commençait à ressentir la soif. Elle se pencha près du ruisseau et, après avoir admiré son reflet qui miroitait, elle but une gorgée d'eau rafraîchissante.
Puis elle se remit en route. Elle approchait du village voisin.
Elle aperçut une jeune fille occupée à cueillir quelques fruits sauvages.
– Où vas-tu ? lui demanda la fille.
– Sais-tu bien à qui tu parles ainsi, jeune effrontée ? répondit Suské, offusquée. Je vais être la femme du fils du chef de ce village.
Et elle se remit en route.

Mais aussitôt que Suské fut arrivée sur la place du village, un bruit de trompe se fit entendre et un horrible dragon à trois têtes apparut.
– Voici ton futur mari, annonça à Suské la fille qui cueillait les fruits sur le chemin.
Suské eut un hoquet de surprise.
– Est-ce ainsi qu'une femme accueille son futur mari ? gronda le dragon.
Et, d'un jet de flammes, il incendia la prétentieuse dont il ne resta qu'un tas de cendres.

Inquiète de ne pas voir revenir sa sœur, Kitsu décida de partir la chercher. En chemin, elle croisa une mésange qui la guida et une vieille dame qui l'orienta. Arrivée près d'un ruisseau, elle vit une jeune femme cueillant des fruits :
– Suis-moi douce femme et je vais te présenter le fils du roi dont tu seras la femme. Mais ne sois pas effrayée quand tu le verras.

Kitsu ne fut pas effrayée et s'approcha doucement du dragon à trois têtes lorsqu'il se posa sur la place du village. Elle fixa son regard tendrement et lui adressa le plus doux des sourires. Quand elle mit sa main sur la tête du dragon, sa peau tomba au sol et un beau jeune homme apparut.
Le fils du roi du village voisin épousa donc Kitsu à qui il offrit perles, bracelets, bagues et colliers.

La princesse Paulette

Corinne Machon – Jessica Secheret

Il était une fois un prince et une princesse qui avaient œuvré toute leur vie, pour faire de leur royaume un lieu de paix et de sérénité. À chaque âge ses privilèges, et, à présent qu'ils étaient vieux, ils vaquaient avec bonheur à leurs occupations favorites.

Louis jardinait et la princesse Paulette tricotait.
Des centaines de moutons paissaient tranquillement autour du château.
Leur laine magnifique faisait le bonheur de la princesse Paulette qui tricotait du matin au soir pour son prince et pour tous les habitants du royaume !

Mais voici que, par une belle matinée d'automne,
le premier ministre reçu une vilaine lettre de menace.
En allant voir le prince, il tomba sur Paulette qui montait des mailles.
– 163, 164 et 165… Que voulez-vous Chester ? Vous avez votre tête
des mauvais jours mon ami ! Allez donc voir Louis, il arrache ses pieds
de tomates.

Lettre en main, le brave conseiller arriva au jardin.
– Oh ! Vous avez votre tête des mauvais jours Chester !
dit le prince en le voyant arriver.
– Sire… balbutia-t-il, je suis désolé de vous déranger de la sorte,
mais l'heure est grave. Un barbare va venir nous attaquer.
Il sera là demain, regardez !
– En effet, répondit le prince, en ajustant ses lunettes.
Et devons-nous avoir peur ?
– Mais oui, Votre Majesté. Je le crains.

La princesse Paulette arriva à petits pas, son tricot à la main.
– Louis, mon ami ! dit-elle. Levez les bras que je voie si mes emmanchures sont correctes.
– Ma mie, Chester vient de me dire qu'un barbare prévoyait de nous attaquer !
– Vraiment ! Et doit-on avoir peur ? Parce que, si c'est le cas, je vous rappelle Louis, que nous n'avons plus d'armée. Nos chers soldats se sont tous reconvertis dans l'agriculture. Il va falloir les retrouver !

Chester courut donc une partie de la journée, à travers les bois et les champs, pour réunir, non sans mal, ce qui aurait pu constituer une armée. Le soir, il vint faire son rapport.
— Le problème, dit-il à leurs majestés, c'est qu'ils n'ont pas le moindre uniforme! Et pis encore... Tout ayant été recyclé depuis fort longtemps, les arcs n'ont plus une seule flèche!
— La nuit porte conseil! dit le prince en guise de réponse.

Au petit matin, tout deux trouvèrent la princesse Paulette très affairée.
– Regardez ! s'écria-t-elle fièrement, en soulevant le rideau de velours qui fermait le vestibule.
Là, debout et bien en rang, une poignée de soldats se tenaient très droits dans de magnifiques uniformes en laine multicolore !
Et en guise de flèches, Paulette leur avait distribué ses aiguilles à tricoter les plus fines et les plus pointues.
– Que vous disais-je hier Chester ? C'est magnifique ! dit le prince, nous allons pouvoir gagner la guerre !

Sur les lieux de la bataille, le silence qui régnait
ne laissait rien présager de bon.
Soudain, le terrible chef des barbares sembla intrigué et avança de quelques
pas, pour regarder avec attention les soldats contre lesquels il était censé
se battre. Il fut prit d'un fou rire épouvantable.
Il rit, et il rit encore, ne pouvant plus s'arrêter. Ses yeux se posaient tantôt
sur les casques de laine, tantôt sur les arcs rouillés et leurs étuis remplis
d'aiguilles à tricoter. Il pointait du doigt les uniformes en jersey
et les gants au point mousse.
Ses rires, bruyants et saccadés le firent plier en deux,
puis il tomba, raide mort.

Le bruit courut partout que les terribles envahisseurs s'étaient fait battre par la vaillante armée du prince Louis. Personne ne sut jamais la vérité ! Pour fêter la victoire, Louis offrit à son épouse une centaine de moutons supplémentaires et engagea les soldats barbares, à présent au chômage, pour les garder.
Ainsi, à chaque âge ses privilèges…
le prince plante et sème à tout vent,
la princesse Paulette tricote et tricote encore.
Et savez-vous que même Chester s'y est mis ?
À coup sûr, il n'aura plus sa tête des vilains jours !

Une si belle princesse

Calouan – Lucie Paul

Mélissandre était une jeune princesse très coquette mais aussi très gourmande.
Fille unique du roi Thibault, elle était d'une beauté sans égale et en était très fière. Elle prenait soin de son corps avec grande attention chaque jour sans exception, embellissait ses cheveux avec des huiles nourrissantes. Elle passait ses journées à s'admirer dans le miroir afin de vérifier que sa beauté ne s'éteignait pas, au contraire.

Un jour qu'elle se promenait dans les couloirs du palais, elle sentit une délicieuse odeur qui embaumait. Sa gourmandise n'y résista pas et elle se rendit dans les cuisines royales.

– Que faites-vous là ? demanda-t-elle à sa mère qui s'amusait infiniment.

– C'est une nouvelle recette que je viens de découvrir : cette pâte légère et onctueuse va s'étaler en grand soleil et devenir une crêpe…

– Une quoi ?

– Une crêpe. Mais, si tu veux y goûter, va vite me chercher un peu d'eau pour terminer ma recette !

– Aller à la rivière ? Vous chercher un peu d'eau ? Mais vous n'y pensez pas, je pourrais tomber et je ne sais pas nager.

La mère, fatiguée des caprices de son enfant, voulut la corriger :
– Tu n'auras qu'à te tenir aux joncs qui longent la rivière.
– Mais les joncs sont bien trop rudes, je pourrais me meurtrir les mains.
– Tu n'auras qu'à mettre tes gants, tu les aimes tant et ne les quittes jamais d'ordinaire.
– Mais ils risqueraient de se déchirer et je n'y tiens pas.
– Tu les recoudras.
– Je ne sais pas…

La fille de la cuisinière, qui était de passage, surprit la conversation et proposa :

– Je peux y aller moi si vous le souhaitez. Je n'ai pas peur de l'eau.

Mélissandre déjà se vexait.
– Moi non plus, ce n'est pas cela la question mais un accident est si vite arrivé.

La fille de la cuisinière se mit immédiatement en route et rapporta quelques instants plus tard l'eau nécessaire à la recette.

Quand le mets rond et doré fut prêt, la reine déposa fièrement sur la table l'assiette garnie de délicieuses crêpes.

– Que c'est appétissant, mère, j'en voudrais une, bien sucrée.

– Mais ma fille, ces crêpes sont brûlantes et tu pourrais blesser tes jolies mains.

– J'ai mes gants n'oubliez pas.

– Mais tu risques de les abîmer avec tout ce sucre chaud.

– Je les laverai et les ferai sécher au soleil.

– Au soleil ? Mais ils jauniraient malheureuse ! Et une princesse aussi soignée que toi ne peut se résoudre à porter des gants jaunis.

La reine tenait tête et Mélissandre voyait les belles crêpes partir dans la bouche de la fille de la cuisinière que sa mère servait.

– Les crêpes sont de mauvaises amies, souffla alors la princesse courroucée, elles font les hanches rondes et les cuisses adipeuses.

– Que c'est dommage ! Il en restait une que je comptais te proposer, murmura sa mère. Soit, elle sera donc pour moi.

C'est ainsi que, verte de rage, Mélissandre rentra ce jour-là dans sa chambre, affamée et déçue.
On dit qu'elle pleura tellement qu'elle se transforma en ruisseau qui rejoignit la rivière où vont se baigner les belles gourmandes.

Table des matières

La princesse ensorcelée..7
Corinne Machon – Sandrine Lamour

Ce n'est pas l'heure..14
Mireille Saver – Evelyne Duverne

Les grands pieds de la princesse Agatha 18
Corinne Machon – Cathy Delanssay

Un coup de balai magique !..27
Corinne Machon – Jessica Secheret

Tous pour une lune..36
Rosalys – Sel

La princesse et le géant..45
Corinne Machon – Sandrine Lamour

La princesse Fanfreluche..52
Corinne Machon – Lucie Paul

La princesse au coing..57
Ella Coalman – Laure Gomez

Un château pour le roi Rivage..62
Lenia Major – Alexandre Honoré

Clarinette et la sorcière Noire..68
Corinne Machon – Marie-Pierre Emorine

Les souliers crottés..75
Calouan – Cathy Delanssay

Le Gram-Groum..83
Corinne Machon – Evelyne Duverne

Classe de neige..89
Mireille Saver – Laure Gomez

Une épouse pour le dragon..93
Calouan – Cathy Delanssay

La princesse Paulette 102
Corinne Machon – Jessica Secheret

Une si belle princesse 110
Calouan – Lucie Paul